내일보다 먼 지금

내일보다 먼 지금

초판 1쇄 인쇄 2024년 6월 25일
초판 1쇄 발행 2024년 6월 30일

지은이 조동진
펴낸이 金泰奉
펴낸곳 도서출판 띠앗
등 록 제4-414호

편 집 김태일
마케팅 김명준

주 소 (우) 05044 서울시 광진구 아차산로 413(구의동 243-22)
전 화 (02)454-0492(代)
팩 스 (02)454-0493
이메일 hansom@hansom.co.kr
홈페이지 www.hansom.co.kr

ISBN 978-89-5854-139 4 (03810)

*책값은 표지에 표시되어 있습니다.
*잘못 만들어진 책은 구입하신 서점에서 친절하게 바꿔드립니다.

내일보다 먼 지금

조동진

도서
출판 떠앗

| 시인의 말 |

울면서 태어났으니
갈 때는 웃으면서 가고픈데
마음먹은 봐 뜻대로 되지 않는 것이
우리네 삶이요 길이기에
고뇌(苦惱)와 시름을 짊어지고
희로애락(喜怒哀樂)을 찾아
부귀영화(富貴榮華)를 찾아 헤매다가
저만큼 종장(終場)이 보일 때쯤에야
그 모든 걸 내려놓으려 해보지만
억겁(億劫)의 흐름 속에
이미 멀리 와버린 삶인 것을…

하여 후회와 아쉬움 속에
점점(漸漸) 소멸(消滅)되어 가는 꿈
어릴 적부터 키워 온 그 꿈을 놓치지 않으려
애간장을 태우며 부대끼며 살아온
미약(微弱)한 삶이 헤쳐 온 이야기를
보탬 없이 펼쳐 봅니다
너그러운 이해를 구(求)하면서……

| 목차 |

시인의 말/ 5

제1부 백합의 회상

행복이란/ 12

내일보다 먼/ 13

무상(無常)/ 14

긍정(肯定)/ 16

프리지아/ 18

미련/ 20

분실(紛失)/ 22

무죄(無罪)/ 24

아내/ 26

고육지계(苦肉之計)/ 28

회상/ 30

술래/ 32

소녀야/ 34

설화(雪花)/ 36

백합(百合)의 회상(回想)/ 38

세파(世波)/ 40

제2부 사랑이라는 이름으로

살다 보니/ 44

야속(野俗)/ 47

삶/ 48

내일은/ 50

이제는/ 52

차라리/ 55

탄식(歎息)/ 58

애주가(愛酒家)/ 60

독(毒)한 놈/ 61

꿈/ 64

배반(背反)/ 66

사랑이라는 이름으로/ 68

십시일반/ 71

독백(獨白)/ 74

바둑돌/ 77

기생(寄生)/ 78

제3부 내 마음속 수채화

넋두리 속의 진실/ 82

풋사랑/ 84

일상(一常)/ 86

애연가(愛煙家)/ 87

후회/ 88

내 마음속 수채화/ 90

잔디/ 92

전령사(傳令使)/ 93

만약(萬若)/ 94

물갈이/ 96

정(情)/ 98

잠자듯 그렇게/ 100

하얀 마음/ 102

내일(來日)/ 104

노이무공(勞而無功)/ 106

지주(支柱)/ 108

배웅/ 109

탕자(蕩子)/ 110

벌써/ 112

석양(夕陽)/ 114

해마다/ 116

제4부 나 살아 있음에

또다시/ 120

삶이란/ 122

나는/ 124

춘곤(春困)/ 125

번뇌(煩惱)/ 126

사별(死別)/ 128

절규(絶叫)/ 130

나 살아 있음에/ 132

우정(友情)/ 134

허무(虛無)/ 136

그리움/ 138

위로/ 140

수순/ 142

안녕/ 144

제1부

백합의 회상

행복이란

힘들고 괴롭다
행복을 구걸하거나
기다리지 마세요

시련이 겹친다고
삶을 구걸하지 마세요
행복한 삶이란
꿈을 심고 가꾸며
흘린 땀방울만큼 오는 거랍니다
흘린 땀방울만큼
삶도 빛나겠지요

내일보다 먼

오늘은
내일에
추억이며
그리움
    내일
    그래
    또 다른
    내일을 위해

선하고
아름다운
꿈과 사랑을 심고
가꾸어 가자
    내일보다 먼
    머언 훗날
    내 그리움이
    빛날 수 있게…

무상(無常)

창조(創造)의
신비(神秘)를 담은
종자(種子)로 태어나
거칠고 험하며 냉정(冷情)한
그러나 무한(無限)이도 아름다운
이 세상을 장식(裝飾)하며

더러는 황무지(荒蕪地)에
더러는 자갈밭 돌무덤에
더러는 진흙밭 썩은 물웅덩이에
더러는 기름지고 부유(富裕)한
옥토(沃土)에 뿌려지고…

그래 짧다면 짧고
길다면 무한정(無限定) 긴
기나긴 여정(旅程)을 걸으며
삶의 불꽃이 꺼지는 그 순간까지
희로애락(喜怒哀樂)을 탐(貪)하며

운명(運命)에 끈을 놓지 못하는 거지…

시냇물 흐르듯
세월(歲月)도 무심(無心)이 흐르고
강산도 변하여 모습을 바꾸니
나도 따라 심신(心身)은
종장(終場)을 향하여 걸음을 놓고
그 걸음 걸음마다 보이는 아쉬움이란…

아! 인생은 덧없어라
한세상 덧없어라
풍진세계(風塵世界)도 덧없어라

긍정(肯定)

산다는 것은
다사다난(多事多難)한
수많은 사연(事緣)을 만들어 가는 것
하여 갖가지 사연(事緣) 가슴에 간직하고
꿈으로 꽃피우며 삶을 꾸려 가지

보다 밝은 내일을 위하여
가슴에 담은 꿈 실현(實現)하기 위하여
상처(傷處)받고 아프거나
슬픈 사연(事緣)일랑 간직하지 말자
사노라면 모두 다 잊혀진다 할지라도
아름답고 빛 고운 사연만 간직하자

내일은 오늘보다 더 맑고 푸른
그런 삶을 만들기 위하여
가슴 아픈 상처(傷處)는 씻어 버리고
슬픔과 괴로움에서 벗어나
해맑고 밝은 사연(事緣)만 간직하자

언제나 늘 새롭게 돋아나는
마음속 심은 꿈을 키우고 가꾸노라면
항상(恒常) 우리를 주시(注視)하고 있는
수호신(守護神) 미(美)에 정령(精靈)이
너와 나의 삶을 아름답게 지켜 주며
우리의 꿈을 가꾸어 줄 거야

너는 아니? 행복도 불행도
가슴에 깊이 파인 아픈 상처(傷處)도
모두다 정말 그 모두다
내 안에 담겨있다는 것을…
그러니 나쁜 기억과 불행일랑
내 마음 깊은 곳에 꼭꼭 가둬 두고
기쁨과 행복만 꺼내 보자
아름다운 추억만…

프리지아

맑고 고운
노오란 꽃잎에
청초(淸楚)하고 고아(高雅)한
아름다운 너의 모습은
내 사랑 내 님을
참 많이도 닮았구나

그래그래
그러고 보니
내 님이 너를 많이 좋아했었지…

하여
해마다 이맘때
뒷산에 진달래 피면
너도 노오란 속내 활짝 열고
은은하고 그윽한
너의 향기 흩날지…

하여
내 너를 볼 때마다
예쁜 내 님 생각나고…

너의 향기가
후각(嗅覺)을 헤집으면
나 님의 향기를 찾아
또 그리움에 젖어
꿈을 꾼다 님의 꿈을
또다시 찾을 수 없는 그리움에…

사랑했기에
아주 많이 사랑했기에
난 잊을 수가 없단다

미련

떡잎으로 태어나
아침 이슬 머금으며
태평세계(太平世界)를
꿈꾸며 동경(憧憬)했는데
꿈은 꿈으로 끝나고

잦은 비바람에 시달리다
폭풍한설(暴風寒雪)에 낙화(洛花)되어
실바람에 흩날리며
가고픈 곳도 목적지도 없는
여행자(旅行者)가 되어
서러움을 마신다

내 비록 산기슭에
홀로 뒹굴지라도
생전(生前)에 내 모습
흐트러지지 않기를
하늘에 바램하면서…

어제를 생각한다

나 푸른 녹림(綠林)에 묻혀
맑은 꽃향기 흩날리던
어제를 잊지 못해
하염없이 그리움에 젖어
미련(未練)에 젖어 또 꿈을 꾼다
낯선 하늘 밑에서…

분실(紛失)

떡잎처럼 여리고
순수(純粹)했던 동심(童心)은
흐르는 세월 따라 변하여
스산한 소슬(蕭瑟)바람이 되어

심산유곡(深山幽谷)을 지나
황량(荒凉)하고 메마른
들녘을 넘어서면

그 길에 숨어 있던
수많은 기억들이
혹(或)은 추억이 되고
혹(或)은 연민(憐憫)으로 남아돌며

환희(歡喜)와 슬픔이 되어
구름 따라 흐르며
세레나데(serenade)를 부르고…

쌓고 또 쌓아도
하염없이 허물어지는
메마른 모래성에 숨은
수많은 지난날들의 기억은…

그리움이 되어
별들의 고향이 되어
까아만 밤하늘을 수(繡)놓으며
꿈으로 스며들고…

저 하늘에 찬란한 빛을 뿌리며
꼬리별 떨어질 때
마음으로 비는 기원(祈願)속에

꿈으로 꿈으로 재생(再生)되는
내 어린 시절의 사랑이여!
너는 지금 어디로 갔는가?

무죄(無罪)

이보게!
자넨 아는가?
세상 모든 만물(萬物)도
세월 흐르면 낡고 병들고 고장나듯
이젠 너무 농익어 힘 못 쓰고 주저앉아
늘어진 육신(肉身) 누이고 쉴 곳 찾음은
부는 바람 따라 구름 따라 흘러가듯
비 오면 강물 불어나듯
순리(順理)적인 흐름인 것을…

너와 나 우리
농익어 기력(氣力) 잃고 심약(心弱)해 짐은
하늘의 섭리(燮理)이기에
결코 부끄러움이 아닌 것을…
그저 물갈이에 수순인 것을…

농익어 늙음이 죄인 양
힘 못 쓰고 비틀거림이 죄인 양

죄인 아닌 죄인 되어
고개 숙이지 말게나
이미 지나온 길 되돌아보지도 말고…
후회(後悔)도 반성(反省)도 말고…

앞에 놓인 세월에 동참(同參)하여
남은 인생(人生) 고개 들고 살자구나
종장(終章)이 재를 넘는
그날 그 순간까지도 기죽지 말고
아직 마음 한구석에 남아있는
그 꿈 일깨워 키우며 가꾸어 가다가
못 다 이룬 꿈일랑 사랑일랑
회한(悔恨)으로 묻어 두고…

아내

오목조목
아름다운
그녀를 보면
내 것으로 하고픔에
꿈틀대는 욕망(慾望)…

그러나 막상
내 것이 되고 나면
우쭐하는 마음에
혹은 설마설마하다가…

아니 더러는
싫증을 느껴서
무관심으로 방치(放置)하다가
슬며시 밀어 버리고…

그래 그래서
고귀한 사랑에 금이 가고

그 사랑 떠나 버린 뒤에야
아쉬움에 그리움에
다시 찾는 그 사람…

그 사람은
흔한 듯 흔하지 않고
남인 듯 남이 아니며
내 것인 듯 내 것도 아닌…

그 사람은 언제나
변함없이 내 곁을 지키며
나를 위해 가족(家族)을 위해
자신의 모든 것을 희생(犧牲)하는
영원한 반려자(伴侶者)인 것을…

고육지계(苦肉之計)

거친 세상
살아내다 보면
누구에게나 한 두 개쯤
가슴속 깊이
숨어 도는 상처(傷處)
하여 수반(隨伴)되는 아픔…

잊을 수도 없고
지울 수도 없어
영원히 영원히
치유(治癒)되지 않기에

그저 속으로만 속으로만
내면(內面)에서 삭히고
쓰다듬고 어루만지며
짐짓 아무렇지도 않은 척

거짓 몸짓과
거짓 웃음 흐리며
거짓으로 사는 이유는
또 다른 내일이 있기에…

내게 있는 말 못 할 아픔을
숨기고 또 숨겨 가며
애써 참아 내려함은…

헤픈 웃음 흘리며 살다 보면
내일은 혹시 모를 서광(曙光)이
비추어 오지 않을까 하여
은근히 기다리며 살기 위함이지…

아픔을 감내(堪耐)하며
눈물을 감추고 헤픈 웃음 흘림은
오늘을 살아가기 위함이지…

회상

해 저문 들녘에
땅거미 짙어 가는데
찾는 이 하나 없는
쓸쓸하고 허전한 둥지 위로
스산한 바람 불어와
가뜩이나 허전한 이내 마음
굳게 닫아 여미게 하고…

산마루에 흩날리며
힘없이 바스러지는 낙엽 위로
외기러기 놀란 듯 울며 나는데
아스라이 먼 길 떠난 내 님은
꿈에서조차 보이지 않고
사무치는 그리움은
또 서러움을 찾는다…

봄날 꽃나비 흩날리듯
새파란 사랑 머금으며

어제는 산새들 지저귀는 그 길
꽃피는 꿈동산을 거닐었는데…
오늘은 무심한 세월 속에 묻혀
너무 많이 익어버린 삶이 되어
낙화될 날 손꼽으며 회한에 젖네…

아! 나만은
세월을 비켜 가리라
푸른 녹림(綠林) 이루리라 다짐했건만
한 작은 생물(生物)에 덧없는 꿈…
그래 너무도 덧없는 허황된 꿈이었구나
하여 꿈은 꿈으로 끝나고
덧없는 삶에 읍소(泣訴)만 따른다

술래

시작도
끝도 없는
동그라미 속에서
바람처럼 구름처럼

급변(急變)하며 흘러가는
세월에 동화(同和)되어
야금야금 잃어가는
너와 나의 꿈을
삶이라 일컬으며…

너무나도 기나긴
장고(長考)의 세월을
탈피(脫皮)에
탈피(脫皮)를 거듭하면서

시나브로 변(變)해 가는
너와 나의 꿈과 사랑은

원을 그리듯 그렇게 또
동그라미 속에 갇힌 체
삶을 그려 간다

도무지 그 끝을 알 수 없는
내일을 위하여
고이 키워 온 꿈을 위하여…
잃어버린 삶을 찾아 간다

소녀야!

소녀야!
저기 설익은 은하수처럼
여리고 또 여리기만 하던
해맑고 고운 너의 미소(微笑)는
소중(所重)한 씨앗이 되어
이내 마음 한 자락에
살며시 자리 잡고 뿌리 내려
행복을 심어 주었더구나

나 홀로 걷던 그 길은
사랑에 결핍(缺乏)으로
구적 떡바위처럼
쩍쩍 갈라져만 가던
어리석은 이내 마음에
사랑의 단비 내려
촉촉이 적셔 주며
꿈을 심어 주었더구나

이름 모를 소녀야!
이제 많은 세월 흐른
너무도 때늦은 오늘
그래 정녕 오늘에서야
너를 기억하고 생각하며
그때를 그리워하는구나
따뜻하고 해맑기만 했던
너의 그 미소(微笑)를…

설화(雪花)

오늘을
내일이라 부르는
야심(夜深)한 밤에
어두움 내린 창밖에

아낌없이 쏟아지는
가로등 불빛 속으로
하얀 눈이 내린다
너무도 탐(貪)스러운
꽃눈[雪花]이 내린다

벌거벗은 나목(裸木)들이 부는
휘파람소리에 장단(長短) 맞추듯
짝을 찾아 구애(求愛) 춤을 추듯
쌍쌍이 춤사위를 펼치듯…

밤하늘을 휘저으며
수(繡)를 놓아 장식(裝飾)하며

칠흑(漆黑)같은 어두움 속에서
흩날리며 춤을 추고 있다

이제 이 밤이 새고 나면
칠흑(漆黑)같은 검은 밤을 즐기던
하이얀 꽃님네들
밤새 한 몸이 되어 캔버스(canvas)가 되어…

햇살 일렁이는
눈부신 아침이 오면
순백(純白)의 순수(純粹)함 가득 담은
하이얀 백설(白雪)이 되어 있겠지?

부패(腐敗)한 이 세상에
그 모든 아픔과 죄악(罪惡)
하얗게 씻어 내어
깨끗한 몸과 마음으로 살라고…

백합(百合)의 회상(回想)

떡잎으로 태어나
순백(純白)의 순수(純粹)함 가득 안고
푸르디푸른 꿈을 키우며
고혹(蠱惑)적인 아름다움
세상에 보이고파
짙은 꽃향기 흩날리며
사랑 찾아 꿈을 찾아
속삭이듯 흘리고 또 흘리는
나의 노래 울려 퍼지면
음율(音律)에 취한 벌나비
향기에 취해 사랑 춤을 추었지
나와 함께 꿈을 펼쳤지…

그러나 나의 복된 삶을 시새우듯
북새(北塞)바람 앞세우고 찬 서리 내려
성큼 종장(終場)이 다가와 삶을 가로막아
푸르던 내 육신(肉身) 병들고 지치게 하니
순수(純粹)하고 고혹(蠱惑)적이던 내 모습

낙화(洛花)되어 실바람에 흩날리고
희망을 노래하던 찬미가(讚美歌)는
서글픈 이별가가 되어 흐르고
벌나비도 제 갈 길로 떠나가니
나 이제 암흑(暗黑)의 세월 견디며
환생(幻生)의 날만 기다려야겠지?

그래 아지랑이 넘실대는
따뜻한 해풍(海風) 불어와
기러기 떼 떼 지어 날면
나 또한 또 다른 내가 되어
떡잎으로 태어나겠지
또 다시 푸른 꿈 피어나겠지…

세파(世波)

너와 나 우린
삶이라는 사냥터에서
삶을 찾아 사냥감을 찾아
헤매 도는 사냥꾼인 것을…
그러나 너와 나 또한
또 다른 사냥꾼의 사냥감이 되어
조준(照準) 당할 수 있기에
손쉬운 사냥감이 되지 않으려
실체(實體)를 숨기며 사냥감을 찾는
사냥꾼인 동시(同時)에 사냥감인 것을…

하여 행동(行動)이 민첩(敏捷)하지 못하면
고정된 목표물이 되어 과녁이 되어
나의 실체(實體)가 들어나게 되고
더 빨리 더 깊고 더 많은
상처(傷處)투성이 사냥감이 되어
날 것으로 뜯어 먹히며
시궁창에 버려지겠지…

희로애락(喜怒哀樂)을 즐겨가며
잠시 잠깐 쉬어가면 좋으련만
쉬임 없이 달려가도 힘든 세상
몸과 마음 숨겨 가며 실체(實體)를 숨겨 가며
노련(老鍊)하고 신속(迅速)하게
목표(目標)를 향해 사냥감을 향해
동분서주(東奔西走)하는 거지
오늘의 삶과 꿈을
내일로 이어가기 위하여…
보다 풍요(豊饒)로운 삶을 위하여…

제2부

사랑이라는 이름으로

살다 보니

우리 푸른 시절
몸에 지닌 것 없어도
얻어 쓰고 주워 쓸지라도
허세(虛勢) 속에 떳떳하였고
넘어지고 자빠질지라도
툭툭 털고 다시 일어나 걸었지

주린 배 참아내려
물배를 채웠어도
언제나 활기찬
젊음과 꿈이 있었기에
늘 웃음소리 그치지 않고
꿈과 희망을 심고 가꾸었는데…

언제부터인가
유행 지났노라며
멀쩡한 새옷 내다 버리고
유통기한 지났노라

온갖 음식 버려 가며
풍족(豊足)한 나날을 보내는데…

왜? 무엇 때문인지
행복한 웃음소리 들리지 아니하고
불 꺼진 창문 너머로는
기나긴 한숨 소리와 신음 소리만
힘겨웁게 들려오는구려

세월의 흐름 때문인지
짙푸르고 울창하던 녹림(綠林)
제멋대로 쓰러지고 넘어져
쑥대머리 휘날리고
어느새 허이연 서리 내려
백발이 성성하고…

축 늘어진 눈가엔
촉촉한 이슬 맺혀 흐르고
주름진 살갗 이곳저곳엔
거뭇거뭇 검버섯 피어나
얼룩 강아지 꼴이 되고

애써 잊어 가던
그 옛날 그리운 추억들이
보고픈 참으로 보고픈 얼굴들이
흐르는 강물처럼 주마등(走馬燈)처럼
붉게 물든 황혼 속으로 떠나가는구려
어서 따라 오라 손짓하듯이…

야속(野俗)

목마름에
심한 갈증(渴症)을 느낄 때
님을 만났고
님을 많이 사랑하며
님과 함께
동고동락(同苦同樂)하며
님의 품에 안기어
사랑에 웃고 울다
사별을 맞이하고
떠난 님 그리움에 파묻혀
허송세월(虛送歲月) 흐르고…
세월과 길동무하여
종장(終場)에 길 나선
그 사람 야속(野俗)해함은
님을 많이 사랑했기에
너무도 많이 보고프기 때문이지…

삶

친구야!
자넨 삶을 찾았는가?
정말 부끄럽게도
난 아직 찾지 못했다네
물론 보지도 못했지…

하여 오늘도 찾아 헤매는
진정한 삶이란 무엇일까?
눈에 보이지도 않는데…

허상(虛想)인지 진상(眞相)인지 모를 단어(單語)
아니 어쩌면 늘 보고 있는지도 모를…
그러나 피부(皮膚)로 느끼지도 못하고
손으로 잡을 수도 없는…
허나 언제나 늘 입에 오르내리는 말…

물론 실체(實體)는 없어도
너무나 지니기 힘든

귀하고 또 귀한 존재(存在)이기에
너와 나 삶을 지향(志向)하며
온갖 열정(熱情)을 다하여
삶을 찾아 꿈을 헤매지만
도도하고 얄미운 삶은
쉽사리 접근(接近)을 허용하지 않는구려

제아무리 눈물로 호소(呼訴)해 보아도
냉정하고 차갑게 돌아서서
철저히 외면(外面)해 버리는 삶

아! 내겐 꼭 필요한데
날 돌아다보지도 않는 무정한 삶이여!
내게로 와 날 보듬어 주렴…
내 꿈을 지켜 주렴…

내일은

너와 난
꿈을 꾸며
꿈을 먹고 사는 꿈 벌레…

하여
힘들고 지칠 때면
곧잘 허무맹랑(虛無孟浪)한
상상(想像) 속에 숨어
현실을 망각(忘却)하곤 하지

그러나 이제 곧
꿈은 꿈으로 끝나고

한낱 망상(妄想)이었음을
스스로 자각(自覺)할 때의
허탈(虛脫)함이란…

그러나 누구나

어린 시절 한 번쯤
겪어보았을 그 허무(虛無)함이
아무리 덧없는
허황(虛荒)된 꿈일지언정

한 번쯤 현실을 망각(忘却)하며
잊어보는 것도 좋지 않을까 만은
남들이 뭐라고 할까?

하여 지금은 비록 허황(虛荒)된 꿈이요
망상(妄想)에 그칠지라도…

지금은 보잘것없는 나의 꿈을
내일은 현실로 만들기 위하여
힘에 겹지만 삶을 이어가는 거지

내일은 몽상(夢想)이 아닌
실체(實體)를 위하여…

이제는

북새풍(北塞風) 불어와
검푸르던 잎새 낙엽되어
갈색 옷 갈아입고 순례(巡禮)길 나서면

고혹(蠱惑)했던 꽃잎은 시들어
낙화(落花)되어 스러지고
떡잎 같던 내 모습 또한
농(濃)익어 낙화(落花)될지니…

하여 가슴 시린 이별이
쌍(雙)으로 겹쳐온다 해도
껄껄 웃어넘길 수 있고

저승사자가 날 오라고 오시라고
급한 손짓 한다 해도
너털웃음으로 털어 버릴 수 있는…

그래그래

나는 조금 많이 익은
아니 아주 많이 익어가는…
감나무 끝에 까치밥으로 남겨둔
농(濃)익은 홍시와 같은 나이[年齡]
그런 나이가 된 걸 난들 어떡하니…

이젠 산전수전(山戰水戰) 공중전까지 겪어
살처럼 지난 지나온 세월 되새기며
아스라이 먼 길 보낸 사람 못 잊어
그리움에 눈물짓는…

그저 그런 평범(平凡)한
그러나 너무 농(濃)익어 쭈그러져 가는
언제 먹힐지 모르는 까치밥이 되어…

건너지 못할 강변을 서성이며
애써 모든 걸 잊어 가며
망각(妄覺)의 늪을 거니는 거지…

흘러가는 세월의 언저리에 서서
무겁게 지고 온 삶의 짐을 내려놓고
나 지나온 그 길을 되돌아보며
망각(忘却)의 늪을 거니는 거지…

차라리

보내야만 하는 이별
이별 뒤에 수반(隨伴)되는
아픔을 너는 아니?

이별 뒤에 숨어 앉아
먼지처럼 쌓여가는
가슴 시린 그리움을
너는 아니?

이별 뒤에 오는
그래! 그 쓰라린 아픔을
나는 눈물로 겪었다네

하여 나는
만남 뒤에 오는 그 이별이 싫어서
이별 뒤에 오는 그리움이 싫어서
만남을 회피(回避)하려 한다네

만남 뒤에 서서 순서(順序)를 기다리는
그 이별이 너무 마음 아파서…
그리움의 늪으로 빠지기 싫어서…

그래! 세상에 흐르는
근본(根本)없는 이야기는
이렇게 말하더군

이별이란 말이야
또 다른 만남을 위하여
또 다른 삶을 위하여
비워 두는 공간(空間)이라고…

하여 우리는
그 비어 있는 공간(空間)을
또 다른 만남으로 삶으로
채우면서 살아가는 거라고…

그래! 그것이 설령(設令)
정설(定說)이라 할지라도
나는 이별이 두려워 싫네

또한 새로운 만남으로
빚어내는 행복과 사랑과
꿈과 삶의 터전[基地]이
무한대(無限大)라 할지라도…

만남 뒤에 도사리고 있는
그 이별과 사별이 너무 싫어서
난 차라리 외로움을 선택하려네
외로움을…

탄식(歎息)

황혼(黃昏) 깔리는 산마루에
벌거벗은 낙엽 뒹굴고
찬바람 불어와 스산한데
기러기 무리지어 날며
부르는 합창소리 들려와
문득 정신 차려 나를 둘러보니
나 어느새 낙화(落花)되어
찬 바닥에 뒹굴고 있구나

떡잎으로 태어나
짙은 향기 흩날리며
고혹(蠱惑)한 자태(姿態) 뽐내던
그날이 어제만 같은데
아직 내 안에는
어제가 파릇파릇하게
깊은 숨 몰아쉬고 있는데…

나 어쩌다가 심히 어쩌다가

세월의 흐름에 떠밀려
찬 바닥을 뒹굴고 있을까?
이 세상 모든 게 덧없다 하여도
내 꿈만은 늘 화창(和暢)한 봄날이었는데
푸르고 푸른 녹림(綠林)을 이루었는데
아! 종장(終場)에 무상(無常)함이여!
못다 이룬 나의 꿈이여!

아! 하늘이여! 세월이여!
이대로 잠들기엔
너무도 허무(虛無)하고 애통(哀痛)하구나…
내 인생(人生)…

애주가(愛酒家)

사춘기(思春期)를
넘어서며
술과 끈끈한 벗이 되어
술과 함께 술독에서
동고동락(同苦同樂)하고
술에 힘을 빌려
술로 모든 것을 잊고
술에 찌들어 희로애락(喜怒哀樂)을
찾고 즐기다가
술독에 빠져
허송세월(虛送歲月) 흐르니
술도 술에 찌든 나를 바리고
술로 종장(終場)을 맞음은
술을 너무 사랑했기 때문이지

독(毒)한 놈

날 얼음처럼 차가운
냉혈한(冷血漢)이요
독사 같은 놈이라
욕하지 마라

나도 처음엔
이 눈치 저 눈치 보며
체면(體面)을 앞세우고
자존심(自尊心) 찾았다네

그러다 문득 되돌아보니
어느 사이 저만큼
아주 저만큼 동떨어져
소외(疎外)되어 짓밟혀 있더구나

그러나 야박(野薄)하고
차가운 세상이라고
탓할 수만 없었다네

물론 원망만 할 수도 없었지

하여 이 험난(險難)한 세상에
편승(便乘)하기 위해선
삶을 영위(營爲)하기 위해선
시궁창에 버려진…

그래 썩어가는 생선에
파리 때 달려들듯
그렇게 치고받으며
독(毒)한 삶을 꾸려 왔지

나 그렇게
눈치도 체면(體面)도
자존심(自尊心)도 모두 다
그 모두 다 버려야 했다네

살고 싶어서…
나도 함께 날고 싶어서
그 모두가 가고 있는
그 대열(隊列)에 끼고 싶어서

꿈

늘
머릿속에
그려오던 그림이…

혹은
허황(虛荒)된 바램이…
어느덧
꿈으로 다가오고…

꿈은 나를
웃고 울리며
몽상(夢想)에 젖게 하지만

꿈은 애니메이션(animation)처럼
호기심으로 치장(治粧)한
신비의 세계로 인도하지

물론 꿈이라 하여
늘 아름답지도
신비롭지도 않지만

그래도
나는 꿈을 기우며
꿈을 먹고 산다

비록 아주 작은 꿈일지라도
그 꿈을 심고 키워 가꾸며
꿈을 먹고 산다

꿈은 곧
소망(所望)이며
희망(希望)이니까…

배반(背反)

두고 온 고향은
어머니 품속을 그리워하듯
간간(間間)이 생각나며
그리움으로 남아도는데…

먼 길 떠난 내 님은
시나브로 잊혀지며
기억 저편으로
점점 잊혀져만 가고…

사랑하다며
진정 사랑했다며
나의 심장(心腸)같은 존재라
죽고 못 산다 하더니…

그래! 잠시 잠깐 안보이면
정말 못 살 것처럼 굴더니
이젠 세월 속에 슬쩍 흘려버리며

짐짓 애써 잊어가는…

아! 간사(奸詐)한 이내 마음은
어느새 슬쩍 돌아앉아
점점 더 깊고 깊은
망각(忘却)의 늪으로 빠져들고…

이제는 볼 테면 보란 듯
아무런 거리낌 없이
사랑 찾아 환희(歡喜)를 찾아
탐색전(探索戰)을 버리고 있네

아! 간교(奸巧)한
이내 마음이여!
너는 배신자(背信者)가 되어 가는구나…

사랑이라는 이름으로

꽃과 나비되어
사랑이라는 이름으로
동행(同行)하며 길을 나섰지
머나먼 인생(人生)길을…

함께 걷는 그 길 곳곳엔
험준(險峻)한 가시밭길도
꽃무지개 다리 놓인
꽃길도 있었단다

깊고 험한 심산유곡(深山幽谷)을 지나며
너무도 많이 지치고 힘에 겨운
상처(傷處)투성이 육신(肉身)을 끌며
쉴 곳을 찾아 헤매면서도

서로를 배려(配慮)하며
따뜻이 감싸 안고
아프고 멍든 상처 다독이며

사랑으로 품에 안았건만…

지금도 알 수 없는 님의 마음…
내일을 개척(開拓)하며
아름답고 고운 사랑
곱게 가꾸어 가면서도…

정녕 알 듯 말 듯 모를 건
내 것인 듯 내 것도 아니며
내 것이 아니 듯 또 내 것인
보이지 않는 님의 마음…

때로는 아이처럼 칭얼대다가
때로는 원수처럼 싸움을 걸고
느닷없이 까르르 깔깔 자지러지는
실루엣(silhouette)처럼 알쏭달쏭…

그래도 물음표를 삼키는 것은

머나먼 길을 함께 동고동락(同苦同樂)하는
너와 난 동반자(同伴者)요
영원한 반려자(伴侶者)이기에…

십시일반

누구는
맛이 없어 먹기 싫다며
귀한 음식 내다버리고
유행 지났노라며 멀쩡한 새 옷
버려가며 사는데…

누구는
허허벌판 황무지에
태어난 죄로 소외(疏外)되어
헐벗고 굶주림에 지쳐
시름시름 시들고 병들어
삶을 잃어 가는데…
꿈을 잃어 가는데…

이보게!
자네는 아는가?
아주 작은
이슬 한 방울이

모이고 또 모여
작은 흐름이 되고
흐름은 어느새
실개천이 되어 냇물이 되어
졸졸졸 소리 내어 노래하며
커다란 강물을 이루고
강물은 망망대해가 되어
수많은 생명들의
안식처(安息處)가 된다는 것을…

우리도 이와 같이
작은 힘 함께 모아
헐벗고 굶주림으로
가물가물 꺼져 가는 저 생명들에게
너와 나 십시일반(十匙一飯)
조금씩 아주 조금씩이라도 따뜻한 두 손 모아
잡아 주고 안아 주며 사랑을 심어갈 때
그늘진 지구촌 곳곳에 해맑고 청아한

꽃 무지개 뜨지 않을까?
사랑의 하트(heart)가 피어나지 않을까?

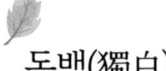
독백(獨白)

동지섣달 긴긴밤
오순도순 모여 앉아
어릴 적 옛이야기 속에
두고 온 고향을 그리워하며
훈훈(薰薰)한 꿈속을 드나드는데…

내게는 그런 고향이 없기에
달리 할 말이 없다
외롭고 힘들 때면
떠올리며 마음 다독이는
그런 고향이 없기에…

그저 생각나는 기억은
철들기 전부터 떠돌아야 했던…
그래 내게 주어진 삶이 너무 모질어
고향이라 뿌리박지 못하고
떠도는 부평초(浮萍草)가 되었더라

하여 내겐 고향이 없다
행복한 가정을 부러워할 때쯤
내게 사랑을 심어 주며
다독이고 안아주며 보살펴 주던
내 마음의 고향 같던 님마저 떠난 뒤엔…

그래 딱히 갈 곳도 없지만
가고 싶은 곳도 없는 나그네가 되었다
그리운 고향이 없기에
옛 친구도 고향 친구도 없다
하여 내 몸이 아플 때면 더욱 외롭다

이렇게 작은 내 마음 하나 담아 둘
따뜻한 고향이 없기에
텅 빈 삶의 흔적(痕迹)들이
찬바람에 묻어가듯 쓸려가듯
그렇게 맥(脈)없이 흘러간다

이렇게 묻어가며 쓸려가며 살다 보니
나도 몰래 몸에 밴 외로움은
슬픔과 그리움을 숨기며
어설픈 몸짓과 헤픈 농담으로
서글픈 삶을 감추려 하나 보다

너무도 어설픈 광대가 되어
헤픈 웃음 흘리는 피에로(pierrot)가 되어
환경에 따라 장소에 따라
제 모습 감추는 카멜레온(chameleon)이 되어
그늘을 찾아 어둠을 찾아
쓸쓸히 숨어들고 있나보다
딱히 갈 곳이 없기에…

바둑돌

사랑이라는
작은 바둑판 위에
아담하고 작은 바둑돌이 되어
내 뜻과 내 마음과는
전혀 상관없이

님의
부드러운 손끝으로
움직여 가는
나는 바둑돌…

님이
무엇을 생각하며
어떤 위치에 놓던
님의 뜻대로 움직이는
나는 바둑돌…
그러나 사랑을 갈망(渴望)하는
목마른 바둑돌…

기생(寄生)

사랑이라는
그 따뜻한 이름으로
오랜 세월 동행(同行)해 왔는데
긴 세월 먼 길을 돌고 돌아
이제서야 참으로 이제서야…

나 내가 아닌 네 곁에
내가 기생(寄生)하고 있었음을 알았네
님이 희생(犧牲)하며 베푸는
사랑이라는 이름을 먹으면서…

나 어찌 사랑을 빌미로
그 사랑에 빌붙어 사는 것도 모자라
그 사랑 위에 군림(君臨)하며
고귀하고 아름다운 사랑을
무시(無視)하고 조롱(嘲弄)해 왔을까?

아! 어쩌다가
나만 알고 내 일신(一身)만 챙기면서
모든 것이 당연(當然)하다는 듯
기생충(寄生蟲)이 되고 말았을까?

아! 너무도 착한 님아!
고맙고 또 고맙고 미안하오
그 모든 아픔과 괴로움을
애써 웃음으로 승화(昇華)하며
홀로 감내(堪耐)해 온 그 인고(忍苦)의 세월을
내 어찌 다 갚을 수 있으리오
내 어찌…

제3부

내 마음속 수채화

넋두리 속의 진실

한숨 섞인 말로
누군가 그러더라
이 좋은 세상 버리고
일찍 떠나면 저만 손해지
제 몸 관리 지가 잘해서
어떻게든 살아 버텨야지
남 위한답시고 제 몸 안 사리다가
그렇게 훌쩍 떠나가면
누가 알아준데
남은 나는 이렇게 잘 살고 있으니까
세상 떠난 저만 손해지 저만…

아마도
아주 많이 사랑했는데
그렇게 훌쩍 떠나간 님이…
그 님이 너무 야속(野俗)해서
아니 그 사람이 불쌍하고
못내 그리워서…

그래 그리움이 넘치고 넘쳐
이제는 미움으로 변해서…
그렇게 또 하소연하는가 보다

그래그래
그 말도 일리(一里)는 있는 것 같다
내 한 몸 내가 잘 지켜 내서
어떻게든 살아 버티며
한번 뿐인 삶을 지켜 냄이
올곧은 대답이 아닐까?
둥글 둥글 그렇게 살다 보면
좋은 일 기쁜 일 생겨나고
그곳에 건강한 웃음과
알찬 행복이 도래(到來)할 테니까…

풋사랑

삶을 가꾸어 가다 보니
나도 모르게 달갑지 않은
동반자(同伴者)가 되어 버린
그리움이란 녀석…

그 어떤 수단(手段)으로도
떨쳐내 버리거나
지울 수도 없는 녀석
언제 어느 곳에서나 얄밉게…

그림자처럼 따라다니며
나를 소연(蕭然)하게 하는
정녕 달갑지 않은 녀석이
오늘도 또 나를 찾아
상념(想念)의 늪으로 밀어 넣는다

청아(淸雅)하고 푸른 계절
풋사랑 꽃 피우던

그 아름다운 시절에
마음속에 담은 그 말 한마디
속 시원히 한번 건네 보지 못하고
퉁명스럽기만 했던…

그래 말도 몸짓도 그 무엇 하나
제대로 표현(表現)해 보지 못하고
못내 어설프기만 했던
못 다한 꿈과 사랑이
못내 아쉽고 또 아쉬워

세월 한참 흐른 오늘에서야
그때 그님을 떠올리며
새삼 못 잊어 그리워함은
간간히 생각나며 떠오르는
어설펐던 풋사랑이 어눌했던 그때가
마냥 부끄러워서지요…

일상(一常)

소파에 기대어
책 몇 줄 보고
전정(前庭)에 나가
잡풀 몇 포기 뽑고

싱그러운 꽃내음 맡으며
잡다(雜多)한 시름 지우고

공작 선인장 꽃의
화려함에 매료(魅了)되어
고달픔을 잊으며

향긋한 솔 내음에 취해
아픈 마음 달래며
또 하루해를 이렇게
덧없이 까먹는다…

애연가(愛煙家)

세상을 배우며
연초(煙草)도 알게 되었고
연초(煙草)를 사랑하며
낮이나 밤이나
추우나 더우나
쉴 새 없이 군불을 때며
동고동락(同苦同樂)하고…

가르릉대는 가래와
잦은 기침 속에서도
일심동체(一心同體)가 되었고
점점 거칠어지는 호흡(呼吸)과 함께
폐암(肺癌)과 절친이 되어
종장(終場)의 길을 걷는다
연초(煙草)를 많이 사랑하였기에…

후회

머언 훗날을 약속하며
둘이서 손잡고 거닐던
그곳 그 뚝방길을
홀로 쓸쓸히 거닐자니
수많은 사연들 추억으로 남아
옛이야기로 들려온다

둘이 마주할 때마다
필연(必然)처럼 되뇌이며
다짐에 다짐을 거듭하고
손가락 걸던 그 맹세(盟誓)는
비바람에 씻겨간 듯
흔적 없이 사라지고…

세월 많이 흘러 이제와 많이 보고픈데
아스라이 머언 옛날인 듯
그렇게 손에 잡힐 듯 잡히지 않고
눈에 보일 듯 보이지도 않는

희뿌연 실루엣으로 남아
옛이야기가 되어 흐른다

하여 지키지 못한 그 맹세(盟誓)는
날카로운 가시덩굴로 남아
움츠린 이 마음을 아프게 찌르고
찢어진 상처 치유(治癒)할 길 없어
가슴 가득 죄스러움을 안고
또 그리움의 늪으로 빠져들고 있다…

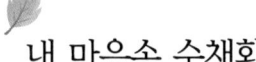
내 마음속 수채화

악천후(惡天候) 속에서도
만물(萬物)이 소생(蘇生)하듯이
황폐(荒廢)한 이내 마음에도
해맑고 아름다운 사랑이
순수(純粹)하고 소박(素朴)했던 꿈이…
가로등 불빛 밑으로
소복소복 쌓여 가는 백설(白雪)처럼
그렇게 소복이 쌓였으면 좋겠다

역경(逆境)을 넘으며
눈앞에 보이는 삶을 지키기가
너무도 시급(時急)하고 급급(汲汲)해
또 다른 삶을 잃어 가며
애써 버려야만 했던 꿈과
짐짓 잊어야만 했던 사랑을 그려 보게
눈꽃[雪花]잎 수북이 내리고 쌓여
온 세상 하얗게 덮었으면 좋겠다

아침에 잠에서 깨면
티 없이 하얀 세상에
파릇파릇 봄 향기 그윽한
수채화를 그려 넣으리라
모든 걸 덮어버린 새하얀 캔버스(canvas)에
언제나 마음속에 담아 두었던
떡잎 같은 삶을 그려 넣으리라

생활고(生活苦)에 찌들어
너무도 아쉽게 포기(抛棄)하며
짐짓 애써 버려왔던 꿈도
까마득히 잊어져간 사랑도…
파릇파릇 떡잎으로 상록수(常綠樹)로
또렷하게 그려 넣으리라
아직 살아 꿈틀거리는
따뜻한 봄을 위하여…

잔디

북새풍(北塞風) 불어와
차가운 유리창에
하이얀 입김
뽀얗게 서리면
썼다가는 지우고
또 써 보는 좌우명(座右銘)
「잔디처럼 살자」
뭇 발굽에 짓밟혀도
끈질긴 생명력으로
더욱더 번성(蕃盛)하는
푸른 잔디처럼
그 어떠한
기세(氣勢)에도 꺾이지 않는…
그래
나 그렇게 살리라
잔디처럼 그렇게…

전령사(傳令使)

여리고 산뜻한 몸매에
갖출 건 다 갖춘 너!
프리지어(freesia)
      내 님을 닮은 꽃
      프리지어(freesia)
내 님이 많이 사랑한 꽃
노오란 프리지어(freesia)
      내 너를 대할 때마다
      님이 생각나고
내 너를 볼 때마다
그리움에 젖는 구나
      그러나 또 너를 보려면
      많은 밤을 보내고
      새로운 봄을 기다려야 하겠지?
너는 봄에만 왔다가는
봄의 전령사(傳令使)이기에…

만약(萬若)

산다는 것은
한껏[限一] 욕심을 채우고
허세(虛勢)로 포장하고
부귀영화를 탐(貪)하며
내게 주어진 삶을
야금야금 쪼아먹는 것

하여 재물(財物)도 허세(虛勢)도
입신양명(立身揚名)도
모두 부질없음을
내 스스로 깨닫고
눈을 뜰 때쯤이면…

이곳저곳이
쑤시고 걸리며 몹시 아파
통증(痛症)과 달갑지 않은 벗이 되고
지칠 대로 지친 심약(心弱)한 이내 마음은
조심스레 이별 준비를…

그래 만약(萬若) 그 모든 것이
다 부질없다는 것을
나 떡잎 때 알게 되었다면
지금의 삶이 변(變)했을까?
이 덧없는 세상도 변(變)했을까?

너와 나 우리
힘들고 어렵게 걸어온 길
그 길에 있는 욕심(慾心)과
허세(虛勢)를 버렸다면
무엇을 목표(目標)로 살아왔을까

또 무슨 꿈을 꾸었으며
무엇을 이루려 했을까?
무엇을…

물갈이

초로인생(初露人生)이
고달픈 삶의 무게가
온화(溫和)함으로
따사로운 정(情)으로

명경(明鏡) 같은 마음에
곱게 자리매김할 때
고운 생각 돋아나고
해맑은 상념(想念)에 잠긴다

가파른 삶의 언덕
그 정상(頂上)에 서서
밑을 내려다본다

파릇파릇한 꿈도 많고
가슴 시린 한(恨)도 많았는데…
정상(頂上)에 올라 보니
남는 것은 공허(空虛)함 뿐이더라

하여 시나브로 꿈이 사라져 간다
생각과 함께 삶도 시들어 간다

꿈을 잃는다 함은…
생각도 사라져 간다 함은…
그래 그렇게 우린
목석(木石)이 되어 간다

그렇게 또 그렇게
그 모든 걸 잊으며 잃어 간다
그러나 어찌하랴
봄여름 가을 가면 매서운 겨울 오듯

세상사(世上事) 물갈이는
필연(必然)인 것을…

이렇게 이별과 사별은
날 찾고 있는 것을…

정(情)

너도 알지?
한번 뿐인 우리네 삶엔
예행연습(豫行演習)도
몸으로 체험(體驗)하는 실습(實習)도
스페어(spare)도 없다는 것을…

우리네 가녀린 삶엔
오로지 피 튀기는
실전(實戰)만 존재(存在)하기에
끈질긴 생명력(生命力)으로
살아남아야 한다는 것을…

물론 외상도 안 되고
가불(假拂)도 안 되며
담보(擔保) 대출(貸出)도 안 되는…
이 귀한 삶을 진정(眞正) 누리고 싶다면
인고(忍苦)의 세월을 이겨내야겠지?

그래도 우리네 삶엔
참고 또 참는 인내(忍耐)와
강자(强者)에 굴하지 않는 용기(勇氣)와
따스함 넘치는 정(情)과 사랑과
너그러움으로 품어 안는 포용(包容)이 있기에…

그래 그래서 우리는
따뜻하고 온화(穩話)한 정(情)을 담고
그 정(情)을 주고받으며
서로가 서로를 용서(容恕)하고 용서 받으며
사랑을 심어 가는 거지

연습(演習)도 체험(體驗)도 실습(實習)도
스페어(spare)도 없는
깐깐한 삶을 위하여
따뜻한 정(情)과 사랑으로
그 모든 아픔을 포용(包容)하며
소중(所重)한 삶을 지켜 가는 거지…

잠자듯 그렇게

질주본능(疾走本能)으로
앞만 보고 달려가는
저 세월과 함께
젊음[靑春]도 나를 버리니
늙정이 만경(晩境)이 되어
홀로 외로움을 삼키고

고독(苦毒)한 외로움은
가까이하면 안 될 친구
쇠약(衰弱)과 병마(病魔)와
밀접(密接)한 벗이 되어
홀로 고통(苦痛)과 싸우며
기약(期約)없는 이별을 기다리고…

하여 흐르는 세월에 굴복(屈伏)하여
내 모든 걸 버리고 잊으며
현실(現實)과 타협(妥協)했네
꿈도 사랑도 소중한 삶도

아니 심연(深淵) 저 깊은 곳에 남아 있던
나 어릴 적 품었던
동심(童心)의 꿈마저 그렇게…

모든 것을 놓아 버린 지금의 난
풍전등화(風前燈火)가 되어
그 모든 것을 잃고 있으며
아주 작은 소박(素朴)한 기도를 한다
저 작은 틈새에 바람이 일 듯
양지쪽 한 켠에 작은 야생화 피듯
그렇게 소리 없이 별이 되게 해 달라고…

저 높은 곳을 향하여
종장(終場)에 걸음 놓을 때 마다
빌고 또 빌어 보는 내 작은 기도는
절대 추(醜)하거나 속(俗)되지 않은
작은 별이 되게 해 달라고…
잠자듯 그렇게…

하얀 마음

백치(白痴)처럼 하이얀
순수(純粹)함이 듬뿍 묻어나는
한 움큼 작은 가슴 속엔
언제 어디서나 늘
따뜻한 정(情)이 넘쳐흐르고
해맑은 꿈도 피어난다네

가슴에 사랑을 담고
그 고운 사랑이 움틀 때처럼
설렘으로 가득 찬
한 움큼 작은 가슴 속엔
언제나 그렇게 늘
봄 향기로 가득 차고…

우리네 따뜻한 인심(人心) 속엔
세상에서 가장 다정다감(多情多感)한 정(情)과
온유(溫柔)한 사랑이 담뿍 담겨 있기에
언제 어디서나 늘 그렇게

따뜻하고 싱그러운
정(情)을 주고 사랑을 심으며
서로서로 도우며 포용(包容)하는 거지

하여 내일은 내일에 해가 뜰 테니
오늘은 오늘로 매듭지으며
심중(心中)에서 가장 따뜻한 정(情)과
세상에서 가장 아름다운 두 글자
사랑을 가슴 속에 간직하며
백치(白痴)처럼 하얗게 웃자
내 마음의 봄을 장식하며…

내일(來日)

오늘은 내일에 추억
꽃처럼 아름다운
내일을 위하여
따뜻하고 소중(所重)한
좋은 기억만 담아 두자

슬프고 가슴 시린
뼈아픈 기억들일랑
불어오는 바람결에 날려 보내고
흐르는 땀방울로 씻어 버리자

한여름 시원하게 쏟아지는
한줄기 소낙비에
흠뻑 젖어 들면
저절로 웃음꽃 피듯이

그렇게 시원히 샤워를 하자
마음속 깊은 곳까지 겹겹이 쌓인

고뇌(苦惱)와 무거운 짐 씻어 내고
그곳에 희망과 꿈을 심자

오늘은 볼품없던
너와 나의 작은 꿈이
내일은 떡잎으로 다시 테어나
따뜻하고 소중(所重)한 삶이 되어
내일이 풍성(豐盛)해지리니…

그곳에 따뜻한 정(情)이 있고
그곳에 꿈과 사랑이 있고
그곳에 너와 내가 살아 숨 쉬는
내일이 기다리고 있음에…

노이무공(勞而無功)

청풍명월(淸風明月) 즐겨 가며
바람 따라 흐르다가
날 저물면 주저앉아
쉬어 가면 그만인 것을…

백년을 살 것처럼
불로장생(不老長生)할 것처럼
남의 재물(財物) 앗아가며
움켜쥐려고만 하였구나

한(恨) 많은 세상도
흐르는 저 세월도
그 모두 다 내 것인 양
움켜쥐려 하였구나

참으로 어리석고
무지몽매(無知蒙昧)한 인생이여!
삶의 의미(意味)도 모르면서

욕심(慾心)만 챙겨왔구나
너무도 헛된 욕심과
허황된 꿈속을 헤매며
망상(妄想) 속을 거닐었기에
회한(悔恨)뿐인 삶이여!

고갯마루에 올라
지는 해 석양을 바라보니
꿈도 사랑도 다 덧없어라
부귀영화도 부질없어라…

욕심(慾心) 속에 걸어온 그 길에
남는 것은 후회와 허탈뿐
나 손에 쥔 것 없어라 아무것도…
그저 지나온 삶이 섧기만 하여라
섧기만…

지주(支柱)

꿈으로 가득 찬
떡잎 같은 삶에…
나의 도전(挑戰)에…
따뜻이 두 손 잡아 주며
희망(希望)을 얹어 주는
당신은 나의 지킴이
   언제 어디서나
   내 꿈을 응원하며
   내 삶을 지켜 주는
   산소처럼 소중(所重)한
   오! 나의 천사여!
   내 사랑이여!
늘 그렇게
언제나 그렇게
변함없는 사랑으로
내 곁에 있어 주오
날 품어 주오…

배웅

이별에 아픔
그 속에 보이는 얼굴
분명 입은 웃는데…
웃음진 얼굴인데…
      어딘지 모를 그늘
      그늘진 그 얼굴에
      마음속으론 울고 또 울고…
흐르는 눈물 감추며
그 속에 서러움 딸려 보내고
아픈 마음 씻어 내리네
      그렇게 세월은 흐르고
      하나둘 이별도 늘어나고…
      사시사철 바뀌듯…
때가 되면
너도나도 떠나는 날 오겠지…
저렇게 가슴 시린
슬픔 배웅을 받으며…

탕자(蕩子)

영롱한 이슬 하나
솜털 구름이 되어
파아란 하늘 위에 동동…

멀리서 바라보며
하늬바람 혜풍인 척
속사이며 꼬드기고…

철모르는 아기 구름
달콤한 속사임에
손잡고 흐르다가…

맞닥뜨린
천둥 번개와 휩쓸려
험산을 넘나들고

아기 구름 갈 곳 잃고
낯선 거리 서성이다

폭풍한설 만났네

아기구름 두려움에 울고
달님이 가엾어 넌지시 하는 말
얘야! 너는 더 이상 아기가 아니란다

그 말에 용기 내어 아기 구름 다짐했지
그래 비록 먹구름이 될지라도
있는 힘껏 해보는 거야

하얗고 웅장한
아주 멋진 뭉게구름이 되어
저 하늘을 장식하는 거야
저 하늘을…

벌써

그저 그렇게
당연시(當然視)하며
흘려보낸 세월(歲月)이
그 젊은 세월(歲月)이

이렇게 문득 생각남은
어제만 같은데 벌써
내가 많이 익어 가나 보다

나 어릴 적 동심(童心)으로 돌아가
푸른 초원(草原)에서 뛰놀고 싶어짐은
심신(心身)이 많이 약(弱)해졌나 보다

밤하늘에 별을 헤아리며
옛 친구들과 벗님네가 그리운 것은
내가 많이 외로워졌나 보다

마음은 아직 청춘(靑春)이요
꿈도 사랑도 떡잎에 불과(不過)한데
이내 몸은 단풍 들어 실바람에 흔들리고…

애잔한 하모니카 소리에
스산한 이내 마음 달래며
온갖 그리움에 젖어 들고 있음은…

소슬(蕭瑟)바람 부는 이 밤
풀벌레 울음소리에 괜한 눈물 흐름은…
시나브로 다가오는 종장(終場)이
못내 서러워서인가 보다

석양(夕陽)

살포시 서리 내려
나뭇잎 단풍 들고
들국화 함초롬히 웃는
고갯마루 길섶엔
벌거숭이 도토리 나뒹굴다
발끝에 채이듯이
낙조(落潮)를 짊어진
삶도 스러지고…

오뉴월 호시절(好時節)엔
그토록 아름답던 꽃님네도
세월에 밀려 흐르다가
비바람에 낙화되어
실바람에 흩날리다
낙조(落潮)를 등에 받으며
한 점 먼지로 돌아들고…

꿈도 사랑도
부엉이 같은 욕심도
그저 삶의 일부(一部)인 것을
삶의 전부인 양 모든 것인 양
건강(健康)을 담보로
숨 가쁘게 쫓아 것만
그저 그런 초로인생(初露人生)이었네
아! 덧없어라 덧없어라

천년을 살 것처럼
불로장생(不老長生)할 것처럼
탐욕과 탐화봉접(探花蜂蝶)으로
하늘 높은 줄 몰랐는데
고갯마루 언덕에 서서 보니
지는 해 노을 따라
낙조(落潮)를 등에 매고
썰물처럼 나 흐르고 있구나

해마다

뚱딴지 꽃잎
시나브로 떨어질 때
활짝 핀 코스모스 꽃잎 사이로
북새바람 슬며시 불어와
가을이 물씬 익어 가면

저기 저 감나무를 보시게
감은 벌써 저렇게 익어 가는데
해마다 마주앉아
도란도란 곶감 깎던 님은…

민들레 홀씨 떠나가듯 그렇게
훌쩍 떠나간 님의 빈자리 그 여백(餘白)을
오늘도 그리움으로 채워 넣으며
칭얼대는 속내엔…

마음은 벌써
민들레 홀씨 되어 그렇게

두둥실 두둥실
님 찾아 저 하늘을 날고…

그리움은 어느새 천년화가 되어
영원히 지지 않는 꽃이 되어
심연 저 깊은 심중에 뿌리내려
시도 때도 없이 피어나는데…

아! 그리움이 할퀸 상처
덧나고 곪아 가는데
너무도 아프게 찔러 오는데
이 아픔을 치료할 처방전이 없네

아! 어이하면 좋을까 이 아픔을…
애끓는 이 그리움을…

제4부

나 살아 있음에

또다시

일장춘몽(一場春夢)이던가
상록수(常綠樹)를 꿈꾸던
새파란 떡잎이었는데…

나도 모르는 사이
벌거벗은 나목이 되어
가을 찬바람을 맞고 있네

이제 곧 찬 서리 내려
폭풍한설(暴風寒雪) 불어오면
새하얀 눈 내려 쌓이겠지

그 눈 녹아 새봄을 부르면
또 다시 새롭게 시작되는 삶을 위해
푸른 꿈 펼쳐 나가리라

채 못 다한 지난 삶을 거울삼아
더 따뜻한 꿈과 사랑을…

더 보람차고 값진 삶을 다짐하며
저 따사로운 아지랑이 너울 속에
내 마음속 다짐을… 맹세를…
또렷하게 그려 넣으리라

싱싱하고 푸르름 넘치는
상록수(常綠樹)로 살겠노라고
푸른 꿈 크게 펼쳐
녹림(綠林)을 이루겠노라고…

삶이란

삶이란
기나긴 여정(旅程) 속에
많은 것을 듣고 보고 체험(體驗)하며
새로운 문물(文物)을 배우며
보다 나은 삶을 위하여
꿈을 심고 꿈을 키워 가는 것…

평생(平生)을 가야할 그 길엔
가파른 오르막길도 있고
장애물 놓인 내리막길도 있으며
천길만길 낭떠러지에
험한 가시밭길도 있겠지

앞서거니 뒤서거니
인생길을 걷다 보면
나만 홀로 뒤쳐진 것 같은
조급(躁急)한 마음에
정신없이 내닫다 보면

유아지탄(由我之歎)에 빠질 수 있지

그래! 그래서는 안 되리라
함께 가야할 그 길에선
남의 꿈을 짓밟아서도
남의 것을 탐(貪)해서도
남을 업신여겨서도 안 되리라

우리 서로 물어뜯고 할퀴는
해충(害蟲)이 되지 말고
서로서로 다독이며
서로 돕고 포용(包容)하며
꿈과 사랑 심어 가자
보다 건강(健康)한 내일을 위하여…

나는

새로운 만남은
설레임을 주고
꿈도 주고
희망도 주며
사랑도 심어 주고
행복을 주지만
      새로운 만남은
      눈물도 주고
      진한 아픔도 주고
      슬픈 이별도 주며
      심연 저 깊은 마음에
      그리움을 심어 놓지
하여 나는
새로운 만남이
많이 두렵다네
만남 뒤에 오는 이별이
그 이별 뒤에 숨은
그리움이 싫어서…
너무 마음 아파서…

춘곤(春困)

봄님 따라 마실 온
살랑 바람 살포시
님의 손등에 앉아
살금살금 어루만지는
보드라운 바람 한 점에도
포근하고 따사로운 사람
물씬 묻어 있어라

봄님 맞은 프리지아
노오란 꽃잎 살포시 열고
해맑은 미소 흩날리면
향기에 취해 꿈속을 거닐고
춘몽에서 깨어 휘둘러보니
봄님은 어느새 실바람 따라
저만큼 멀어지고 있어라

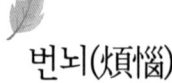
번뇌(煩惱)

세월 가며
늘어만 가는 한숨 속에
입지(立地)는 작아지고
생활 영역(生活領域)도 좁아지고
권위(權威) 또한 소실(消失)되어 가며
쇠약(衰弱)해지는 심신(心身) 속에
나 홀로 도태(淘汰)되는 이 느낌은…

그래 이렇게 덧없이
세월 앞에 무릎 꿇고
양지(陽地) 끝에 주저앉아
지난 세월 그리다가
한 점 바람이 되어
저어기 저 산모퉁이 돌아서면
시나브로 잊혀 지겠지

그래 그저 그런 허접한 삶에
무엇 하나 이루어 놓은 것 없이

헛된 꿈만 꾸어 왔기에
그 무엇 하나 네 세울 것 없는
초로인생(草露人生)이 되어
시나브로 잊혀져 가고…

아! 연약(軟弱)했던 삶이여!
힘겹게 걸어온 삶이
섧다! 너무도 섧다!
헛된 꿈만 꾸며 살았기에
풀잎에 맺힌 이슬이 되었구나
이슬이…

사별(死別)

내일을 위한 꿈도
가슴에 품은 소망도
기다림에 시작이기에
소중(所重)히 간직하며 지켜온…

그 기다림에 끝자락엔
가슴 설레는 만남이 있고…
낯설은 만남 속엔
축복과 환희(歡喜)와
가슴 따뜻한 사랑이 숨어 있지
훈훈하고 끈끈한 정(情)도…

아! 너무도 따뜻하고
포근한 사랑 속에…
독초(毒草)가 자라나
우리 사랑 막아설 줄이야…

이별에 장벽(障壁)이 되어
우리 사랑 갈라놓을 줄이야…

철옹성(鐵甕城) 같은 그 장벽을 넘지 못하고
홀로 떠난 그 사람 미워하고…

미워하면 할수록 그리움은 더더욱 쌓이고
둘이 함께 품고 그려왔던
보랏빛 그 꿈은 모래성이 되어
내 모든 것을 허물고…
이별에 쓰라린 상처(喪妻)
아리고 또 아린 아픔 속에…

즐겁던 나날 슬그머니 사라지고
그리움만 남아돌며 해 지면 떠오르는
별님이 되어 달님이 되어 꿈으로 남아돌고…

그리움은 눈물 되어
두 눈을 촉촉이 적셔 주고
그리움은 한숨 되어
나를 취(醉)하게 한다

절규(絕叫)

화려했던
꿈의 계절은 가고
메마른 낙엽 떨어지니
꿈도 사랑도
날개를 접고
날개를 잃고…

날개 잃은 나그네
찬 서리에 움츠러들고
가로등 불빛만이
홀로 벗이 되어
살포시 품어 주는
희뿌연 불빛…

아! 그 불빛 사이로
눈이 내린다
하이얀 꽃눈이…

나그네 속내 깊은 곳에
눈은 소복이 쌓여가고
마음은 차갑게 얼어 간다…

그래! 젊은 꿈을 찾아
싱싱한 삶을 찾아
머나먼 길 걸어왔건만
무엇 하나 이룬 것 없는데
어느새 벌써
석양(夕陽)을 짊어지고 있구나

아! 해는 벌써 넘어가는데
나의 봄은 어디에…
내 꿈은 어디에…

나 살아 있음에

눈을 뜨고
창밖을 보게
아침 햇살
고요히 드리워
온누리 비추고
또 하루를 살아내려
바쁘게 꿈이 피어난다네

온실 속에 화초처럼
평온하고 싱싱하게
저 밝은 햇살 받아들여
꿈을 심어 삶을 키우며
나 살아 있음을 노래하자
내 스스로 내 삶을 축복하며…

그래! 싫으나 좋으나
이미 지난 일은 애써 잊으며
해맑고 청명한

내일만 생각하자
내가 심고 가꾸어 온
그 꿈이 피어날 수 있도록…

하는 일 풀리지 않고
내 몸 많이 아프다고 징징대지 말고
비록 작은 보폭(步幅)이라도
한 걸음씩 나아가자
나 살아 있음을 감사하고
내 스스로 나의 삶을 축복하며…

우정(友情)

많이 추울 텐데
이 엄동설한에
꽃잎 활짝 열고
흑장미가 피었네

꿈을 찾아
사랑 찾아
님을 보려 함인지
곱게도 피었네

그래! 저 장미처럼
너와 내가 함께한 나날도
수북수북 쌓이고 쌓여
장미처럼 활짝 웃는다

너와 내가 빚은
추억담은 꽃망울
그 따뜻한 기억들이

꽃처럼 활짝 웃는다

엄동설한 강추위도
아랑곳 하지 않고
사랑의 꽃망울
곱게도 자란다

알알이 익어 가는
너와 나의 꿈속에…

허무(虛無)

떡잎으로 태어나
욕심에 눈을 뜨고
그 욕심 차곡차곡
곳간에 채우다
그 욕심 다 채우기도 전에…

찬바람 불어와
꽃잎은 떨어지고
낙엽도 산마루에 뒹굴고
재 너머 고갯길로
석양은 지는데…

욕심 속에 꾸려온 삶
문득 뒤돌아보니
나 손에 쥔 것 하나 없고
공허한 마음속엔
허무함만 가득차네

다정했던 벗님네도
사랑했던 사람도
먼길 떠난 빈자리엔
서글픔 가득 머금은
그리움만 남아돌고…

욕심 속에 품어온 꿈
무엇 하나 제대로 이룬 것 없어
아쉬움만 가득 남아도니
아! 덧없어라 덧없어라!
이내 설운 삶이여!

그리움

밝아 오는 여명처럼
또 봄님은 오시는데
님 떠난 빈자리 그곳엔
그냥 흘려버렸던 기억들이
먼지처럼 겹겹이 쌓이어
그리움이 되어 돌아오고…

그 무엇도 대신할 수 없어
언제나 비어 있는
님 떠난 빈자리…

그곳 그 빈자리에도
따스한 봄볕 파고들어
님이 좋아하고 사랑하던
노오란 프리지아는
봄님과 속삭이며
삶을 노래하는데…

님 마중 들뜬 마음은
꽃내음 흩날리며
생기 넘쳐 흐르는데…

내 님은 왜 못 오실까
많이 좋아했기에
보고픈데 정녕 보고픈데…

하여 더욱 채울 수 없는
님의 빈자리엔
오늘도 그리움만 쌓여 가고…

그리움은 한숨 되어
서글픔에 잠기고
그 끝자락엔 외로움이…

행여 꿈에서나 만날까
애써 잠을 청해보지만
쉬이 잠들지 못하는…

위로

내 마음 한 자락에
어두움 내려
암흑이 덮이거든…

저 들에 피는
들꽃을 보시게나
연약한 그 들을…

악천후 속에서도
그 들은 꽃을 피워
삶을 노래하다네

우리도 마음속에 드리운
검은 장막 걷어내고
맑고 밝은 세상을 보세

새로이 다시 출발지에 서서
꿈을 심고 가꾸며

꿈을 키워 나가세

소중한 내 꿈속엔
보다 알찬 삶이 있고
가슴 따뜻한 위로가 있으니까

수순

일이 분이면
아주 쉽게 해결되던
지극히 기초적인 일들이
이삼십 분 걸려도 안 되고

십여 분이면
여유롭게 오가던 그 길이
천리타향처럼 마냥 멀기만 하고…

꿈을 심고 키우며 삶을 찾아 헤매던
날렵했던 사냥꾼이
사냥감이 되어 가는데…

해는 서산 넘어 기울고
어두움 내려 세상을 덮으며
보다 밝고 청명한
내일을 준비하는데

꺼질 듯 꺼질 듯하면서도
끈질기게 버텨온 모질었던 삶도
세월 따라 서산 넘어 기울며
시나브로 모든 것을 잃어 가고…

미약했던 지난 삶을 뒤돌아보며
물갈이에 수순을 밟는
아! 덧없는 삶이여
서러워라…

안녕

어두움 내려 샛별 반짝이면
은하수 저 강물 위에
물수제비를 띄우며
나 너를 생각한다

사랑의 꽃 만발하고
달콤한 열매 맺던
그 시절이 하냥 그리워…

그렇게 한없이 길어지는 그리움 속에
난 누군가에게서 잊혀져 가고 있겠지
세월에 흐름 속에 떠밀려
아픔도 아무런 통증도 없이
그렇게 잊혀져 가겠지

어느 사이엔가 석양을 등에 지고
황혼에 녹아들어 노을이 되어
그렇게 옛이야기가 되겠지.